これからの 防災

監修：近藤誠司（関西大学教授）

＼＼ 身につけよう！ ／／
自助・共助・公助

2 台風・大雨

ポプラ社

もくじ

この本の使い方

台風・大雨などの災害について学ぶ
（6～11ページ）

過去に台風・大雨の被害を受けた地域や、台風・大雨によって発生する被害、台風・大雨・高潮が起こるしくみについて学びます。

実際に災害対策や行動を考えてみる（シミュレーション）
（12～41ページ）

台風や大雨が起こった時に、設問の場面で自分なら何に気をつけるか、どう行動するかを考えてみましょう。

テーマとなる災害対策のマーク

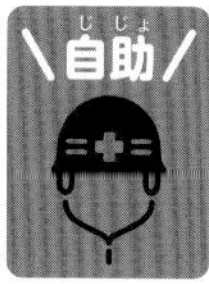

（くわしくは4～5ページ）

問題

解説

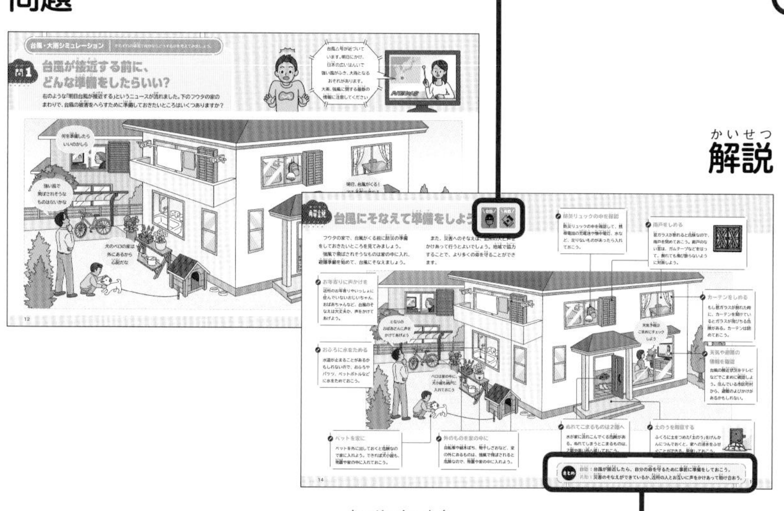

テーマとした災害対策で、大切なポイントをまとめています。

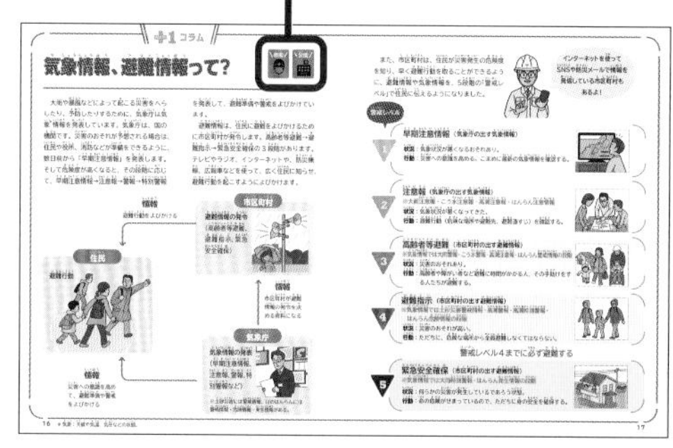

プラスワンコラム

さらに知っておきたい災害対策について、説明しています。

※この本にのっている情報は、2022年１月現在のものです。

登場人物しょうかい

マモル先生

小学校をまわって、自然災害や防災のことを教えてくれる先生。

フウタ・アオイ

ボーサイ西小学校の４年生。

災害にそなえる＼＼3つのチカラ／／

自然災害から自分たちの命や地域を守るために、自分、地域、公的機関の３つの視点で、災害にそなえましょう。

３つの災害対策の協力と連けいが大切

「自助」「共助」「公助」は、災害対策を分担して、ただ“おまかせする”という考えではありません。協力・連けいすることで、より被害を小さくすることができると考えられています。

自助
～自分自身で自分を守る～
自分の命を自分で守ること。
また、災害にそなえて自分でできることを考え、取り組むこと。

しっかり自然と向きあいながら災害対策を考えよう

自然は、わたしたちに多くのめぐみをあたえてくれます。雨は大地をうるおし、作物を育て、また飲み水となって、わたしたちのくらしを支えています。しかし、ふだんは優しいめぐみの雨も、時々暴風をともなう台風（くわしくは11ページ）や大雨*などになり、災害を起こすことがあります。わたしたちの命とくらしを守るために、あらかじめ災害対策を考えておきましょう。

災害対策には、大きく分けて、自分で自分を守る「自助」、地域の人が協力して自分たちを守る「共助」、公的機関が住民を守る「公助」の３つがあります。まず、大切なのは自分の命です。しかし、となり近所や地域の人、公的な支援をしてくれる人、みんなで協力し合わなければ、災害を乗りこえることはできません。

一人ひとりが「こまったときはお互いさま」の気持ちで行動できれば、より多くの命を救い、被害を小さくとどめることができるでしょう。

＊大雨：はげしく降る雨のこと。雨の量がとくに多い場合をさす。

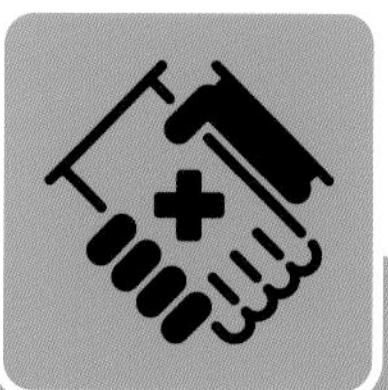

共助（きょうじょ）

～地域で助け合って守る～

家族や学校、地域の人たち（町内会、自治会など）と協力して、災害対策をしたり、災害時に助け合ったりすること。

災害時には、「こまったときはお互いさま」の気持ちで助け合おう

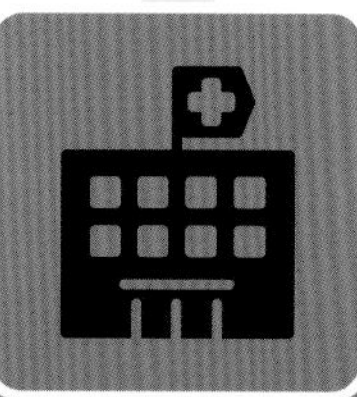

公助（こうじょ）

～市や県、国などによる支援～

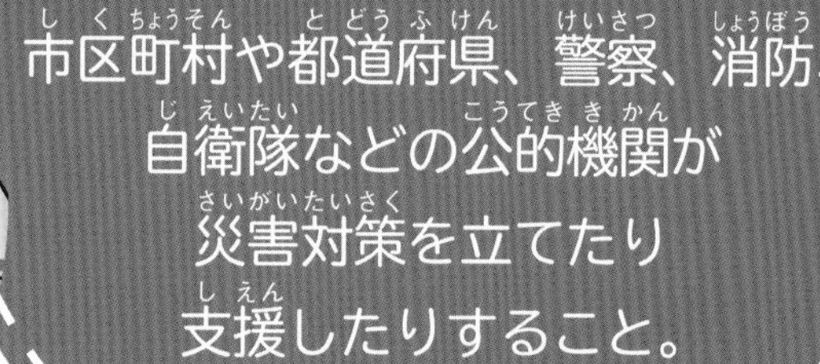

市区町村や都道府県、警察、消防、自衛隊などの公的機関が災害対策を立てたり支援したりすること。

日本で起こった台風や大雨の災害

近年、台風や大雨による災害は、増えてきています。
日本で起こったいくつかの災害について調べてみましょう。

2018年 西日本の豪雨*災害

小田川が決壊して浸水した岡山県倉敷市真備町。

［写真：朝日新聞社］

2018（平成30）年6月28日～7月8日、西日本の広いはんいで記録的な大雨が降りました。川のはんらんやがけくずれによって、建物がこわれるなどの被害も多く起こりました。死者、行方不明者（関連死ふくむ）は、271人となりました。

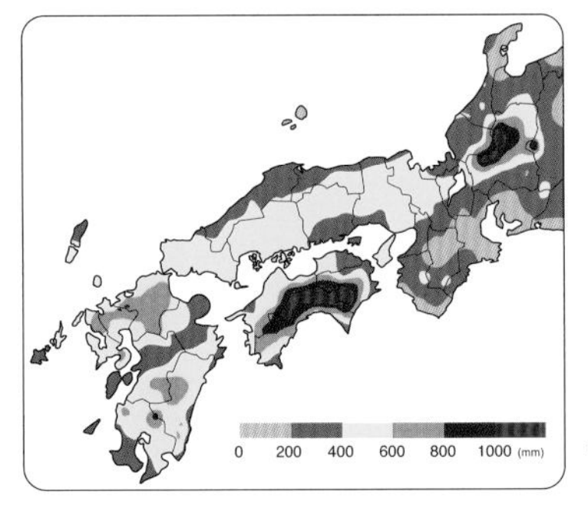

6月28日～7月8日の西日本の総降水量。

出典：「令和3年版 防災白書」（内閣府）、気象庁ウェブサイト「平成30年7月豪雨」より作成（2021年11月24日利用）

＊豪雨：はげしく降る雨のこと。雨の量がとくに多い場合をさす。大雨災害の名前に使われる。

2021年 静岡県熱海市の土石流

2021(令和3)年7月2日、静岡県に大雨による土砂災害警戒情報が発表されました。そして、3日午前10時半ごろ、熱海市伊豆山地区の逢初川で、土石流が発生しました。土石流は約2kmのきょりを流れて海までおよび、住宅がいくつも流されました。行方不明者の捜索や救助に、消防や警察、自衛隊などが出動しました。降りはじめからの雨量は400mm以上ありました。

出典：「静岡県熱海市伊豆山で発生した土石流災害（報道資料）」、「静岡県熱海市における土石流災害からの早期復旧に向け国直轄施工による緊急的な砂防工事を実施」（ともに国土交通省）より作成

土石流が起こった静岡県熱海市伊豆山地区。［写真：朝日新聞社］

熱海市

静岡県熱海市の位置。

2004年 瀬戸内海沿岸の高潮被害

2004(平成16)年 8月30日、台風16号による高潮で、瀬戸内海の沿岸が大きな被害を受けました。台風がきたのは、1年でいちばん海面の水位が高くなる時期でした。また、強い風がふきよせるなど、さまざまな原因が重なり、大きな高潮が起こりました。香川県、岡山県、広島県で床上・床下浸水の被害にあった家は4万棟以上になりました。

出典：「平成16年 台風第16号による被害状況(第11報)」(消防庁)より作成

高潮により浸水した市街。香川県高松市福岡町。

［写真：四国地方整備局］

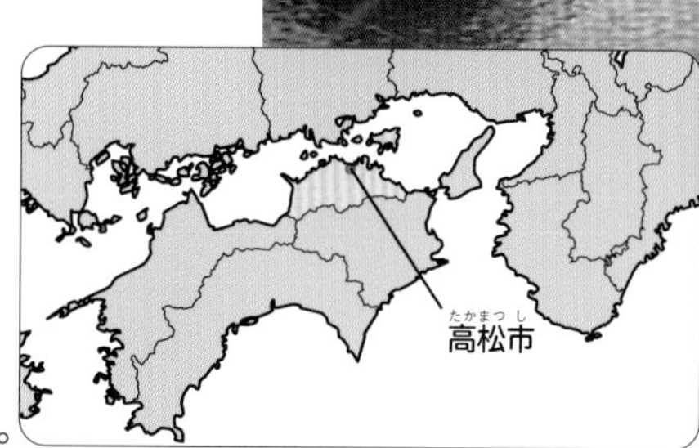

香川県高松市の位置。

台風や大雨が起こるとどうなるの？

台風や大雨などの風水害が起こると、わたしたちのくらしに、どのような影響をおよぼすのでしょうか。おもな被害を見てみましょう。

台風や大雨の被害

強風による被害

台風による強い風の勢いで、建物がこわされたり、店の看板や家の屋根がわらが飛ばされたりします。また、飛行機や電車だけでなく、海があれると船も欠航になります。街路樹がたおれたり、電線が切れて電気が止まったりすることもあります。

大雨による被害

大雨が降って、川の水がふだんより増えてあふれてしまうことを「こう水」といいます。水量が増えて川がはんらんし、堤防がこわれてしまう（決壊する）と街や道路などに水があふれだし、こう水が起こります。

また、街や道路などに大雨が降り、側溝*や下水道がはんらんし（内水はんらん）、水があふれて低い地域にたまってしまうこともあります。

堤防決壊。

内水はんらん。

＊側溝：雨水を流すみぞ。

高潮・高波による被害

台風で気圧*が変わったり、強風がふきよせたりすることで、海面の高さが全体的にいつもより上がることを「高潮」といいます。波が堤防の高さをこえてしまうと、街や道路などに流れこんだり、橋や建物をこわしたりします。また、強風によって起こる高い波は「高波」といいます。台風の時には、高潮や高波が起こりやすいので、海でつりやサーフィンをするのは危険です。

高潮。

高波。

浸水による被害

大雨で川がはんらんしたり、側溝から水があふれだしたりして、道路や農地などが一面水でおおわれた状態を「冠水」といいます。また、建物の中に水が流れこむことを「浸水」といいます。水が床の下まできた状態が「床下浸水」、床の上まできた状態が「床上浸水」です。

冠水。

床下浸水。

床上浸水。

土砂災害による被害

大雨がきっかけとなって起こる災害（二次災害*）に土砂災害があります。大量の雨水が地面にしみこむことで、山の斜面の土砂が一気に流れ下る「土石流」や、急な斜面が突然くずれ落ちる「がけくずれ」、斜面の一部がすべり落ちる「地すべり」などが起こります。

※土砂災害の起こるしくみは28ページ。

土石流。

がけくずれ。

地すべり。

＊気圧：空気が地球の表面をおさえつける力。＊二次災害：ある災害が起こり、その災害がもとで起こる災害のこと。

台風や大雨、高潮はどうして起こるの?

台風や大雨、高潮は、自然現象による災害です。
どのようにして起こるのか、そのしくみを見てみましょう。

大雨が起こるしくみ

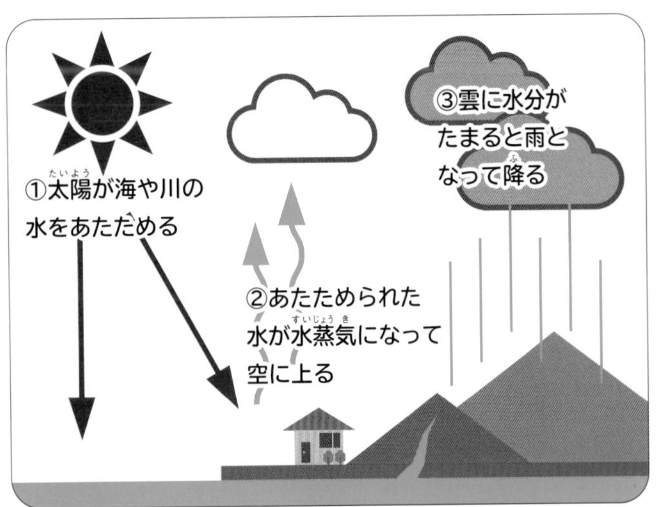

①太陽が海や川の水をあたためる
②あたためられた水が水蒸気になって空に上る
③雲に水分がたまると雨となって降る

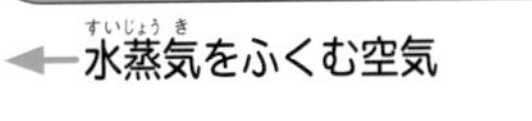

水蒸気をふくむ空気

海や川の水はあたためられると、水蒸気になります。あたたかい空気は軽いので、水蒸気は空に上っていきます。そして、上空の冷たい空気に冷やされると、空気中のちりに水蒸気がくっついて、水や氷のつぶができます。それが集まったものが雲です。雲に水分がたまって重くなると、雨となって地上に落ちていきます。

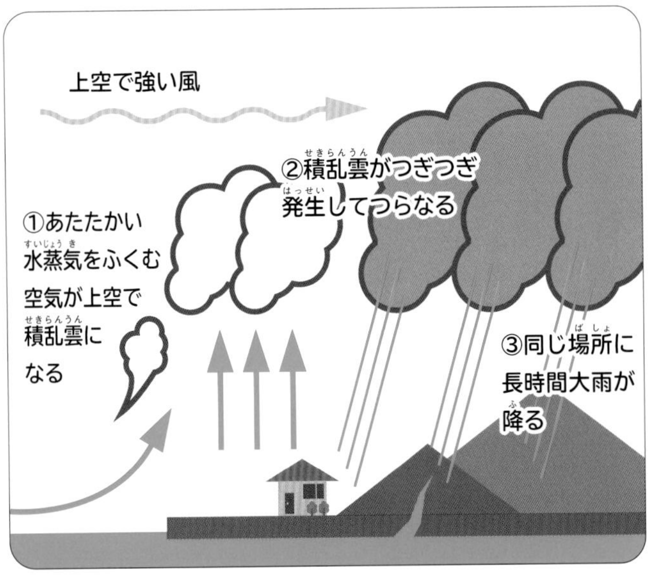

上空で強い風
①あたたかい水蒸気をふくむ空気が上空で積乱雲になる
②積乱雲がつぎつぎ発生してつらなる
③同じ場所に長時間大雨が降る

あたたかい水蒸気をふくむ空気が、たくさん上空で集まり、冷やされると大きな雲ができます。その時に熱を放出してまわりの空気をあたためるので、さらに空気が上空に上り、また雲になり、「積乱雲」に発達していきます。

積乱雲がつぎつぎに発生すると大雨になります。一部の地域で短時間に強い雨を降らせるのが「ゲリラ豪雨」です。

また、上空で強い風がふき、積乱雲がつらなって発生したものが「線状降水帯」です。同じ場所に、長時間大雨を降らせます。

台風が起こるしくみ

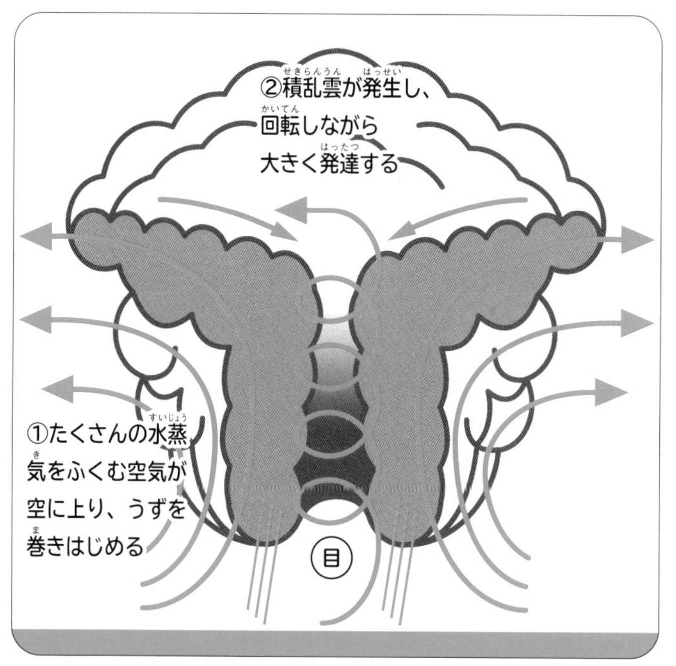
②積乱雲が発生し、
回転しながら
大きく発達する
①たくさんの水蒸気をふくむ空気が空に上り、うずを巻きはじめる
目

台風は熱帯などのあたたかい海で発生します。海水があたためられ、たくさんの水蒸気が空に上ると、反時計回り(南半球では時計回り)にうずを巻きはじめます。そして、積乱雲が発生します。積乱雲は回転しながら移動し、どんどん大きくなります。これを「熱帯低気圧」といいます。最大風速が秒速17.2m以上となった熱帯低気圧が「台風」です。

台風の中心は「目」とよばれています。下に向かう気流によって発生する台風の目の中では、風は弱く青空が見えることもあります。

高潮が起こるしくみ

①台風や低気圧が近づく
③強い風がふき、
海水がふきよせる
②海水がすい上げられ
海面が高くなる
↑いつもの海面の高さ
堤防

「高潮」は台風や強い低気圧*が近づくと発生します。台風の中心はまわりより気圧が低く、海水をすい上げる働きをするため、海面がいつもより高くなります。この時、陸地に向かって強い風がふくと、高い海面が陸地におしよせてきます。これが「高潮」です。高潮は、堤防を乗りこえて海に面した街を浸水させる危険があります。

*低気圧：まわりより気圧が低いところ。まわりより気圧が高いところは「高気圧」。

台風が接近する前に、どんな準備をしたらいい？

右のような「明日台風が接近する」というニュースが流れました。下のフウタの家のまわりで、台風の被害をへらすために準備しておきたいところはいくつありますか？

何を準備したらいいのかしら

強い風で飛ばされそうなものはないかな

犬のペロの家は外にあるから心配だな

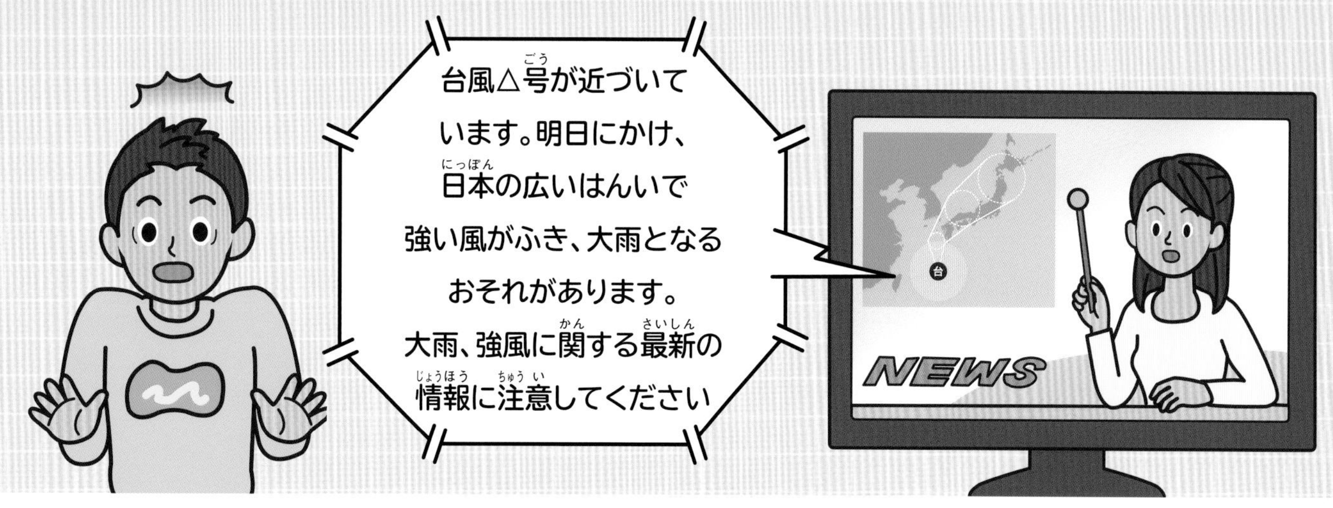

明日、台風がくる！
でも予報は変わる
こともあるよね

次のページの解説を見てみよう

解説 台風にそなえて準備をしよう

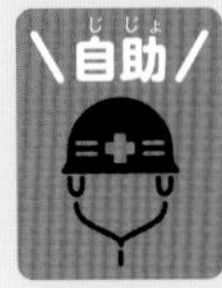

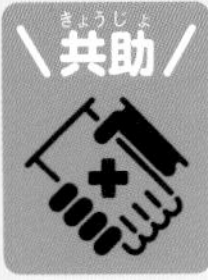

フウタの家で、台風がくる前に防災の準備をしておきたいところを見てみましょう。

強風で飛ばされそうなものは家の中に入れ、避難準備を始めて、台風にそなえましょう。

また、災害へのそなえは、近所の人と声をかけあって行うとよいでしょう。地域で協力することで、より多くの命を守ることができます。

お年寄りに声かけを

近所のお年寄りやいっしょに住んでいないおじいちゃん、おばあちゃんなど、台風のそなえは大丈夫か、声をかけてあげよう。

となりのおばあさんに声をかけてあげよう

おふろに水をためる

水道が止まることがあるかもしれないので、おふろやバケツ、ペットボトルなどに水をためておこう。

ペロだけでなく犬小屋も家の中に入れておこう

ペットを家に

ペットを外に出しておくと危険なので家に入れよう。できれば犬小屋も、物置や家の中に入れておこう。

外のものを家の中に

自転車や植木ばち、物干しざおなど、家の外にあるものは、強風で飛ばされると危険なので、物置や家の中に入れよう。

防災リュックの中を確認

防災リュックの中を確認して、携帯電話の充電器や懐中電灯、水など、足りないものがあったら入れておこう。

雨戸をしめる

窓ガラスが割れると危険なので、雨戸を閉めておこう。雨戸のない窓は、ガムテープなどをはって、割れても飛び散らないように対策しよう。

天気予報は
こまめにチェック
しよう
NEWS

カーテンをしめる

もし窓ガラスが割れた時に、カーテンを開けているとガラスが飛びちる危険がある。カーテンは閉めておこう。

天気や避難の情報を確認

台風の接近状況をテレビなどでこまめに確認しよう。住んでいる市区町村から、避難のよびかけがあるかもしれない。

ぬれてこまるものは2階へ

水が家に流れこんでくる危険がある。ぬれてしまうとこまるものは、2階や高い所へ移しておこう。

土のうを用意する

ふくろに土をつめた「土のう」をげんかんにつんでおくと、家への浸水をふせぐことができる。用意しておこう。

まとめ

自助：台風が接近したら、自分の命を守るために事前に準備をしておこう。

共助：災害のそなえができているか、近所の人とお互いに声をかけあって助け合おう。

+1（プラスワン）コラム

気象情報、避難情報って？

大雨や暴風などによって起こる災害をへらしたり、予防したりするために、気象庁は気象*情報を発表しています。気象庁は、国の機関です。災害のおそれが予想される場合は、住民や役所、消防などが準備をできるように、数日前から「早期注意情報」を発表します。そして危険度が高くなると、その段階に応じて、早期注意情報→注意報→警報→特別警報を発表して、避難準備や警戒をよびかけています。

避難情報は、住民に避難をよびかけるために市区町村が発令します。高齢者等避難→避難指示→緊急安全確保の３段階があります。テレビやラジオ、インターネットや、防災無線、広報車などを使って、広く住民に知らせ、避難行動を起こすようによびかけます。

市区町村

避難情報の発令
（高齢者等避難、避難指示、緊急安全確保）

情報
避難行動をよびかける

住民

避難行動

情報
市区町村が避難情報の発令を決める資料になる

気象庁

気象情報の発表
（早期注意情報、注意報、警報、特別警報など）

※土砂災害には警戒情報、川のはんらんには警戒情報・危険情報・発生情報がある。

情報
災害への意識を高めて、避難準備や警戒をよびかける

＊気象：天候や気温、気圧などの状態。

また、市区町村は、住民が災害発生の危険度を知り、早く避難行動を取ることができるように、避難情報や気象情報を、5段階の「警戒レベル」で住民に伝えるようになりました。

インターネットを使って
SNSや防災メールで情報を
発信している市区町村も
あるよ！

1

早期注意情報（気象庁の出す気象情報）

状況：気象状況が悪くなるおそれあり。
行動：災害への意識を高める。こまめに最新の気象情報を確認する。

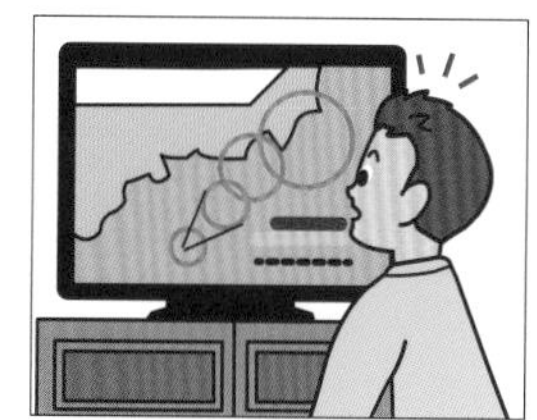

2

注意報（気象庁の出す気象情報）

※大雨注意報・こう水注意報・高潮注意報・はんらん注意情報
状況：気象状況が悪くなってきた。
行動：避難行動（危険な場所や避難先、避難の道すじ）を確認する。

3

高齢者等避難（市区町村の出す避難情報）

※気象情報では大雨警報・こう水警報・高潮注意報・はんらん警戒情報の段階
状況：災害のおそれあり。
行動：高齢者や障がい者など避難に時間がかかる人、その手助けをする人たちが避難する。

4

避難指示（市区町村の出す避難情報）

※気象情報では土砂災害警戒情報・高潮警報・高潮特別警報・はんらん危険情報の段階
状況：災害のおそれが高い。
行動：ただちに、危険な場所から全員避難しなくてはならない。

警戒レベル4までに必ず避難する

緊急安全確保（市区町村の出す避難情報）

※気象情報では大雨特別警報・はんらん発生情報の段階
状況：何らかの災害が発生しているであろう状態。
行動：命の危険がせまっているので、ただちに身の安全を確保する。

台風や大雨の時、危険な場所はどこかを考えてみよう

下の絵はアオイの家のまわりです。台風や大雨の時、どのあたりが危険な場所になるかを考えて、指でなぞってみましょう。

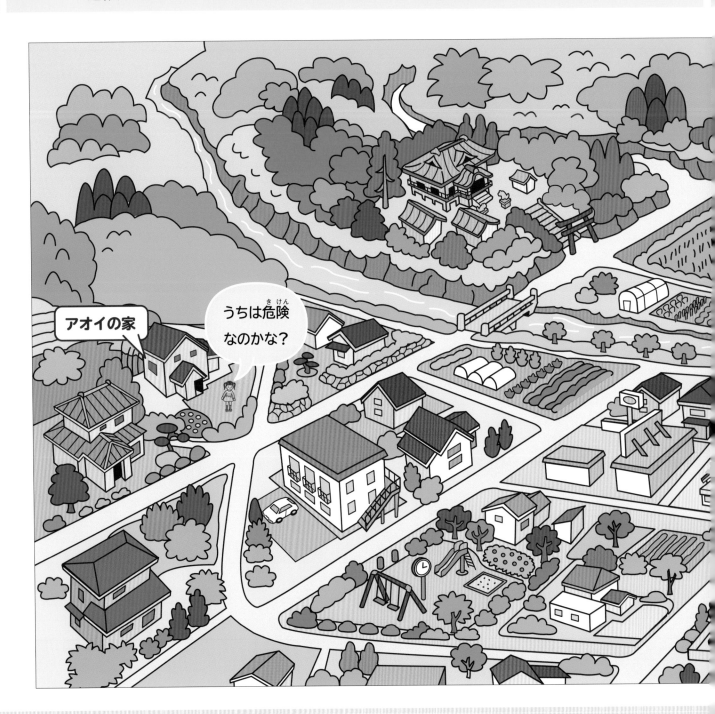

アオイの家

うちは危険なのかな？

こう水や
土砂災害が
起こりやすい場所は
あるかな？

ボーサイ西町は
山や川があるから
心配だな

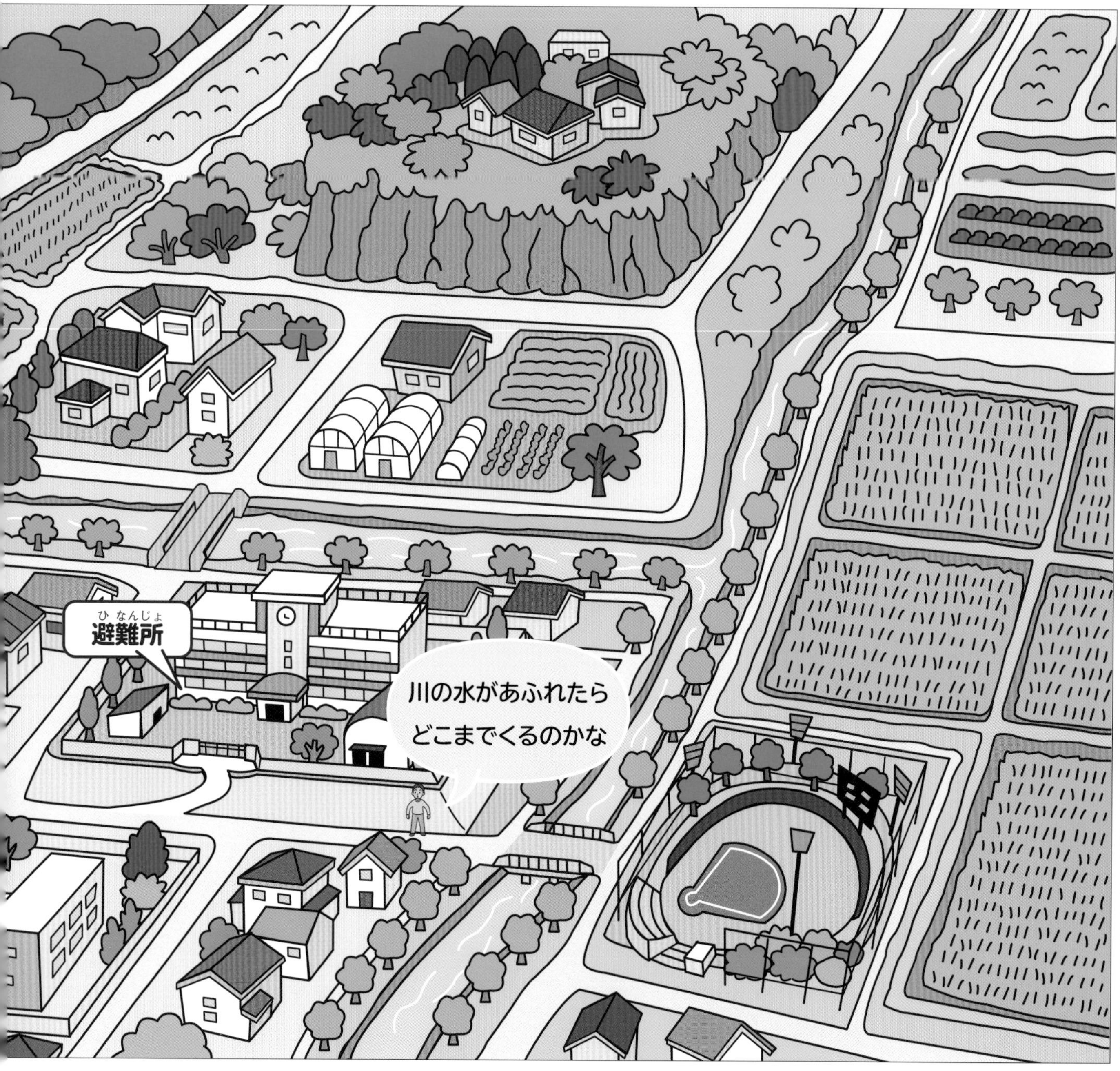

避難所

川の水があふれたら
どこまでくるのかな

→次のページの解説を見てみよう

解説（かいせつ） ハザードマップを見ておこう

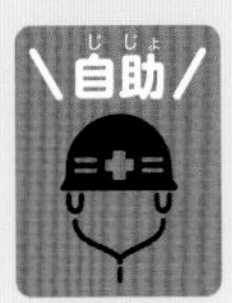

「ハザードマップ」は、こう水や土砂災害、津波などの被害を予想して、危険な場所をしめした地図です。ハザードマップは、国や都道府県、市区町村などで作られて配布されていますが、ウェブサイトで見ることもできます。

街の絵とハザードマップをくらべてみると、こう水と土砂災害が起こりやすい場所がわかります。自分の地域のハザードマップを見て、危険な場所を知っておきましょう。

ボーサイ西町 ハザードマップ こう水

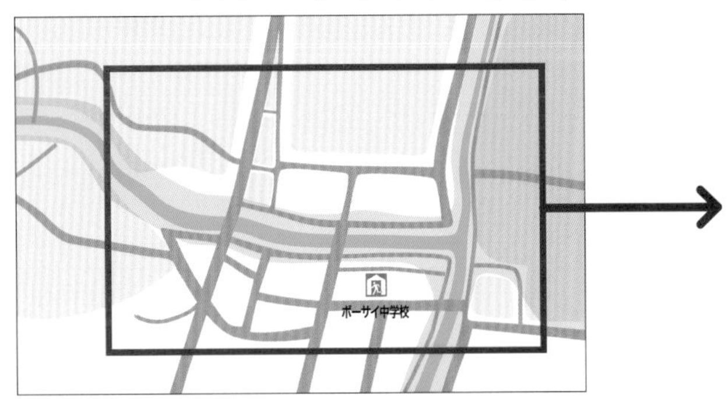

こう水浸水想定区域
浸水深（地面から水面までの高さ）

	5m 〜
	3m 〜5m
	0.5m〜3m
	〜0.5m

ボーサイ西町 ハザードマップ 土砂災害

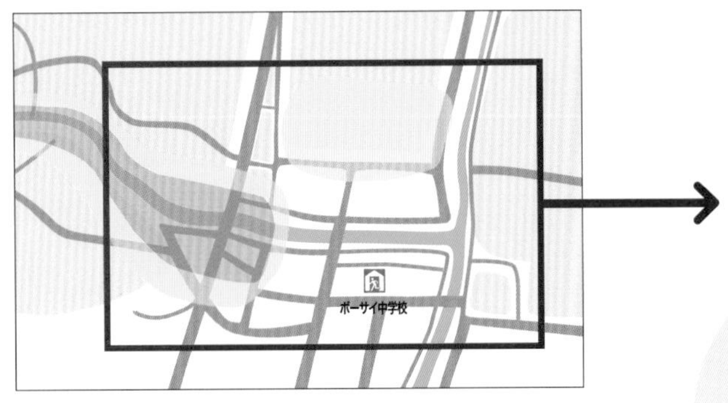

土砂災害

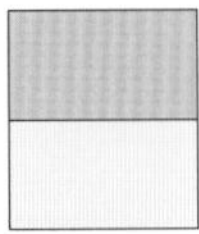

特別警戒区域
警戒区域

友だちといっしょにハザードマップを見て、どの道を使ってどこまで避難するとよいかを確認しよう

避難できる場所を表すマーク

ハザードマップや町の案内板には、避難できる場所をしめすマークが記されている。避難場所は危険から身を守るためににげこむ場所（公園や高台など）、避難所は避難生活を送るための施設（学校や公民館など）のことだ。自分の家の近くで、避難できる場所がどこにあるのかを知っておこう。

避難所

避難場所

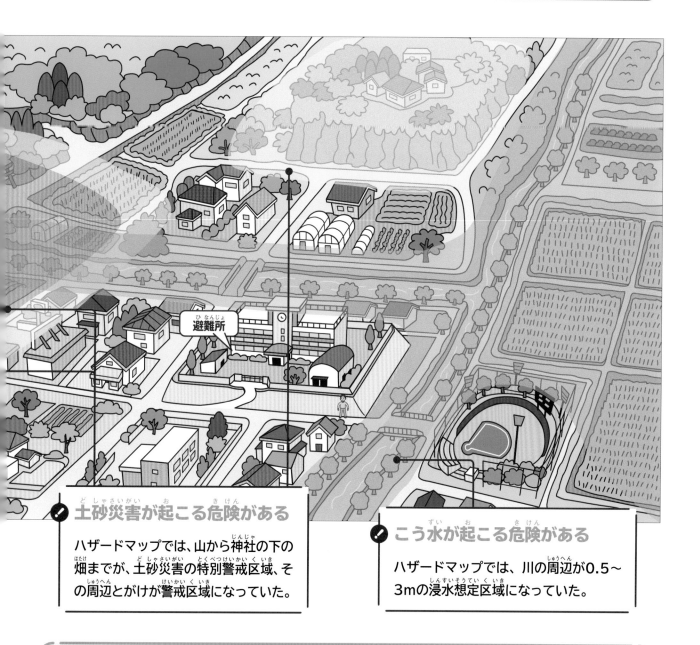

土砂災害が起こる危険がある

ハザードマップでは、山から神社の下の畑までが、土砂災害の特別警戒区域、その周辺とがけが警戒区域になっていた。

こう水が起こる危険がある

ハザードマップでは、川の周辺が0.5～3mの浸水想定区域になっていた。

まとめ

公助：ハザードマップは、国や市区町村などで作られて配布されている。
自助：ハザードマップで、災害の起こりやすい場所と避難所を調べておこう。

+1コラム

どうやって避難すればいいの？

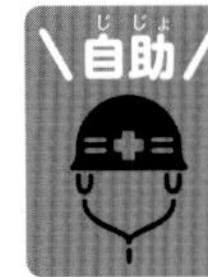

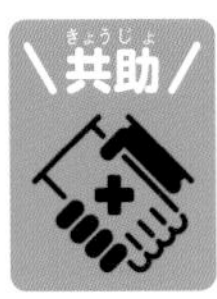

避難の方法は、避難場所に行く、高い場所ににげるなど、災害の種類やその時の状況によってちがってきます。テレビやラジオ、インターネットなどで気象情報や避難情報を調べて、安全な場所へできるだけ早めに避難しましょう。また、よゆうを持って行動し、近所の人と声をかけあって、にげおくれる人がいないようにしましょう。

台風や大雨の災害が起こった時の避難の方法には、大きく分けて以下の３つがあります。

水平避難

今いる危険な場所から、できるだけ遠くにある安全な場所へにげる方法を「水平避難」といいます。

避難指示が出たり、危険を感じたりしたら……。

遠くににげる

道路の水かさが増して歩いて移動できなくなる前に、近くの避難所や遠くにある安全な場所へ避難しよう。

垂直避難

今いる危険な場所から、できるだけ高いところににげる方法を「垂直避難」といいます。

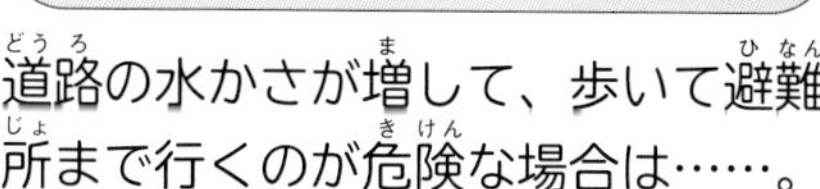

道路の水かさが増して、歩いて避難所まで行くのが危険な場合は……。

家の２階や近くの２階以上ある高い建物など、少しでも高い場所にすばやく避難しよう。土砂災害の危険がある場合は、斜面からはなれた部屋ににげよう。

分散避難

指定された避難所が混雑しないように、もっと別の安全な場所に分かれてにげる方法を「分散避難」といいます。

避難所に人が集まりすぎると、あとから来た人が中に入れなくなる。また、感染症が広がる危険もある。

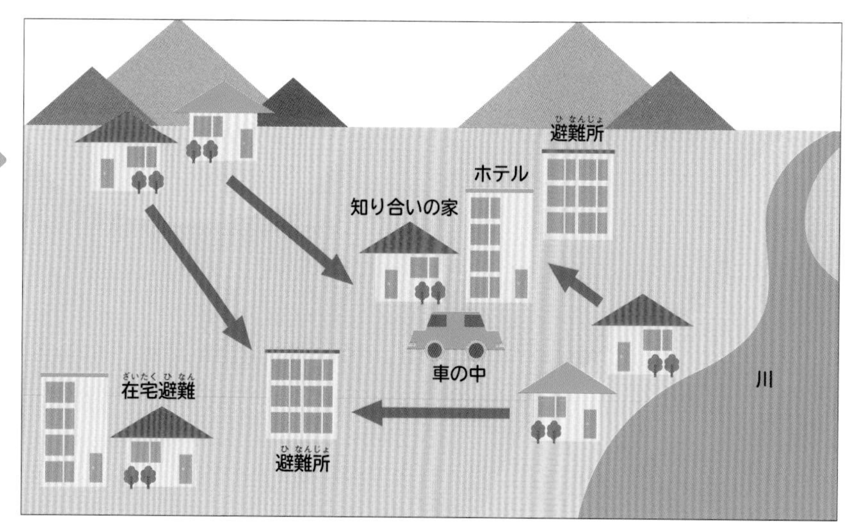

こう水や土砂災害が起こりやすい地域

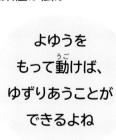

よゆうを
もって動けば、
ゆずりあうことが
できるよね

あらかじめ、避難所以外で安全に避難できる場所があるかどうかを考えておこう。また、浸水の危険がない場合は、自分の家でやりすごす「在宅避難」という方法もある。

土砂災害の前ぶれが起きていないかを探してみよう

土砂災害が起こる時には、多くの場合、ふだんとちがう前ぶれが現れます。下の絵やセリフから、土砂災害の前ぶれを探してみましょう。

あれ、雨なのに川の水がへっているよ
山の方からへんな音が聞こえるよ

ゴロゴロ……
ザワザワ
メキメキ……

山の方から
くさった土のような
においがするなあ

次のページの解説を見てみよう

解説　前ぶれに気づいたらすぐに行動

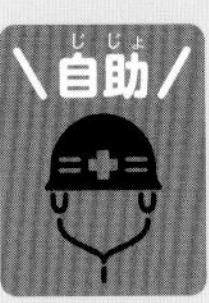

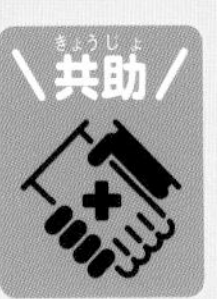

　土砂災害には、土石流や地すべり、がけくずれがあります。下の絵に、出てくる前ぶれは、土石流のものです。ふだんは聞こえない音やにおいがします。土砂災害の前ぶれに気づいたら、なるべく早くまわりの人に伝えて、安全な場所に避難することが大切です。

前ぶれに気づいたら

土石流などの土砂災害の前ぶれに気づいたら、すぐにまわりの大人や家の人に伝え、安全な場所に避難しよう。すぐに行動することで被害を少なくすることができる。

あれ、雨なのに
川の水が
へっているよ
山の方から
へんな音が
聞こえるよ

川の水がへる

山がくずれて、上流の川が土砂でせき止められると、雨が降っていても下流の川の水が少なくなることがある。そのあとで、せき止められた水が一気に流れると、土石流が起こる。

川の水がにごる

山がくずれて、石や土砂が川に流れこむと、川の水が茶色ににごる。

にげる時は土砂の流れと直角に

土石流が起こると、石や土砂がものすごいスピードで流れてくる。時速40kmの速さでおそってくることもある。時速40kmは、スクーターが走る速さと同じくらいだ。流れと同じ方向ににげると危険なので、流れと直角の方向ににげよう。

ゴロゴロ……
ザワザワ
メキメキ

山の方から
くさった土のような
においがするなあ

山から音が聞こえる

山がくずれて、土砂が川を流れる時に、石と石がぶつかるとゴロゴロという山鳴りが聞こえる。木がさけたりおれたりすると、メキメキという音がする。石や木が川を流れ、水をせき止めると土石流が起こりやすくなる。

おれた木が流れてくる

山がくずれて木がおれたり、さけたりして、上流から流れてくることがある。

くさった土のにおい

土が大量の水をふくみ、その水が蒸発する時に、土のにおいが強く出る。それがくさった土のにおいに感じることがある。

まとめ

自助：大雨が降ったら、土砂災害の前ぶれに気をつけよう。
共助：土砂災害の前ぶれに気づいたら、まわりの大人にすぐ知らせよう。

土砂災害はどうして起こるの？

日本の国土の約70％は山です。山の斜面やがけなどは、大雨が降ると土砂災害が発生する危険があります。

土砂災害には、土石流や地すべり、がけくずれがあります。それぞれが起こるしくみと前ぶれのちがいを見てみましょう。

土砂災害が起こりやすい地形と前ぶれの関係をしっかりおぼえておこう

土石流

大雨が降り、地面に大量の水がしみこむ。

大量の水でゆるんだ斜面がくずれて、川をせき止める。

せき止められた川の水が、土砂といっしょに、一気におし流される。

起こりやすい地形

急な流れの川や、谷の出口にあるおうぎ形の「扇状地」とよばれる土地で起こりやすい。

前ぶれ

- 山鳴りがする。
- 川の水がにごり、たおれた木が流れてくる。
- くさった土のにおいがする。
- 雨が降っているのに、川の水がへる。
- 木がさける音や、石がぶつかる音がする。

がけくずれ

大雨が降り、地面に大量の水がしみこむ。

大量の水で斜面の土がゆるんで弱くなる。

突然、斜面がくずれ落ちる。

起こりやすい地形

がけや急な斜面で起こりやすい。

前ぶれ

※がけくずれは、雨が降っていない時に起こる場合もある。

- ●がけにひびわれが見える。
- ●がけから水がわきでる。
- ●がけから小石が落ちてくる。
- ●わき水がにごったり止まったりする。
- ●地鳴りがする。

地すべり

大雨が降り、地面に大量の水がしみこむ。

地面がしずんで、ひびわれができる。

斜面がゆっくりとくずれ落ちる。

起こりやすい地形

ゆるやかな斜面で、広いはんいに起こりやすい。

前ぶれ

- ●地面にひびわれができたりしずんで穴があいたりする。
- ●井戸や沢などの水がにごる。
- ●山鳴り、地鳴りがする。
- ●木や電柱などがかたむく。
- ●地面にきれつや段差ができる。
- ●斜面から水がふきだす。

避難所まで危険な場所を通らない道すじを探そう

下の絵はフウタの家のまわりの地図です。台風で右のニュースのような避難指示が出た時、危険な場所を通らずに避難所まで行く道すじを考えてみましょう。

フウタの家

ラーメン

看板がはがれそう

側溝は雨水を流すから安心？

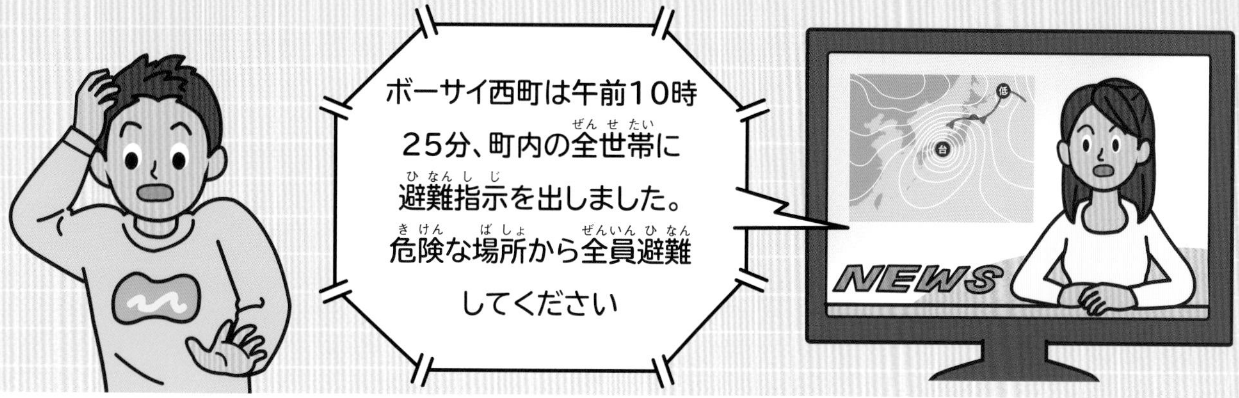

ボーサイ西町は午前10時25分、町内の全世帯に避難指示を出しました。危険な場所から全員避難してください

屋根があるから雨やどりできるかな

避難所

次のページの解説を見てみよう

かいせつ
解説　危険な場所を調べておこう

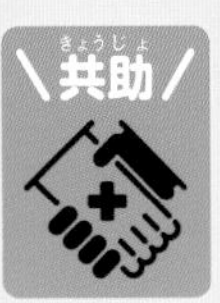

危険な場所のポイントを見てみましょう。下の絵を参考にして、あらかじめ避難する場所までの道すじを、家族で考えておきましょう。また、町ではずれそうな看板や、落ちてきそうなかわら屋根のある家など、強い風がふくと危険だなと思う場所を見つけたら家族に知らせ、避難の道すじを考えなおします。

道すじを決めたら、実際に家族や近所の人と歩いてみるとよいでしょう。まわりの人といっしょに防災の意識を高めていきましょう。

川

大雨が降ると、川の水が増えてあふれだす危険がある。大きな川だけでなく、小さな川にも近づかないようにしよう。

マンホール

大雨が降ると地下の水が増えてあふれだし、マンホールのふたが外れるかもしれない。マンホールの穴に落ちると危険なのでさけて通ろう。

側溝

側溝は、雨水を流すためのものなので、大雨が降ると水が増え、側溝のふたがずれてしまうかもしれない。側溝の中に落ちると危険なのでさけて通ろう。

ふだん歩きなれた町でも油断しないことだよ。とくに夜の避難は注意が必要！

冠水*した道路を歩く時は

道路が水でおおわれて、地面が見えない時は、マンホールのふたが外れていたり、がれきが落ちていたりする危険がある。かさをつえがわりにして歩こう。水位がひざくらいの深さになると歩きづらくなるので、避難は早めにしよう。

＊冠水：道路や農地などが一面水でおおわれた状態。（くわしくは9 ページ）

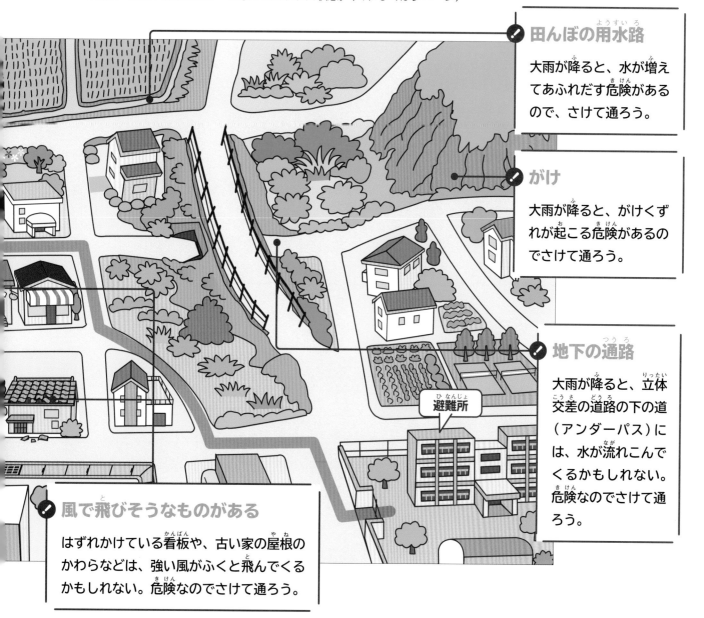

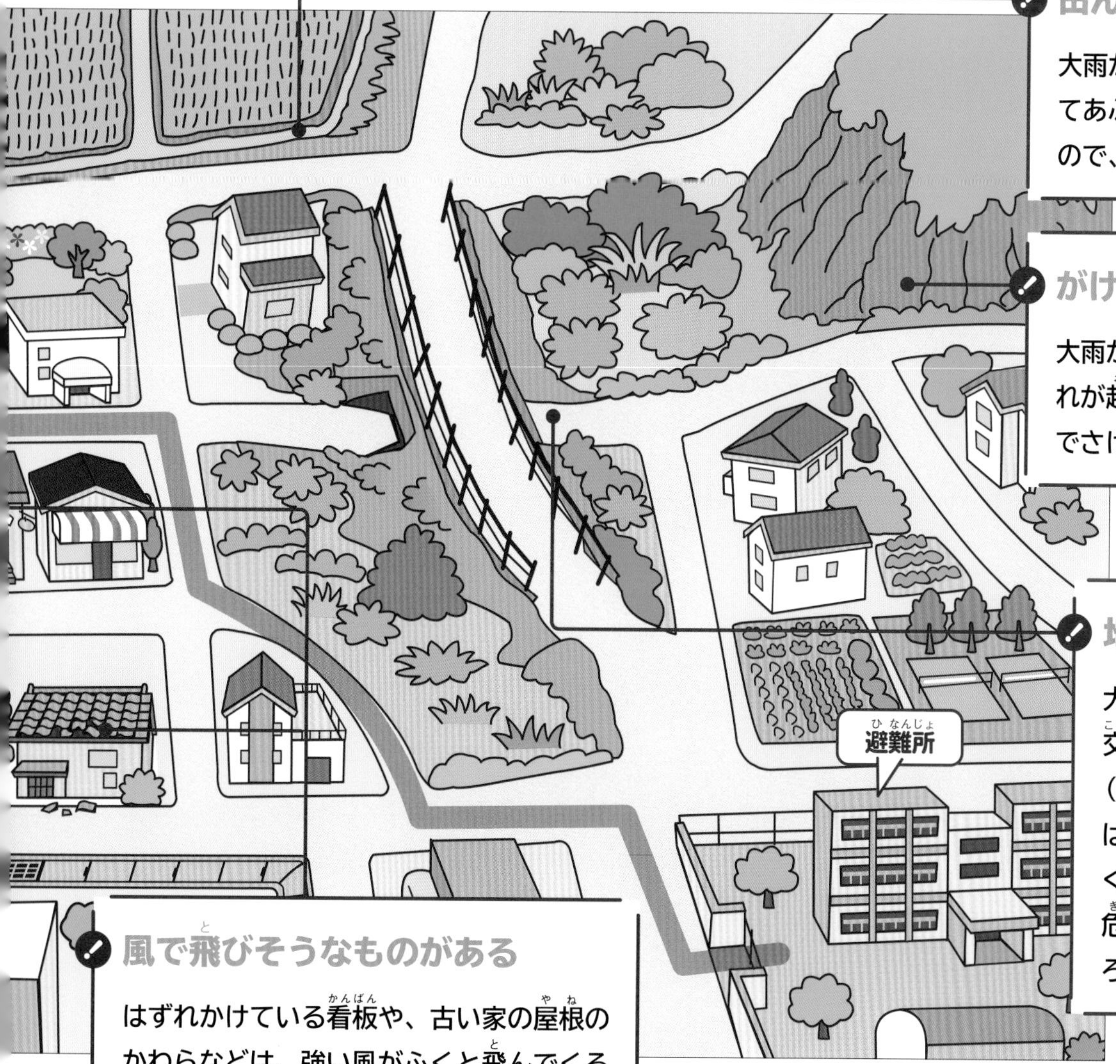

田んぼの用水路

大雨が降ると、水が増えてあふれだす危険があるので、さけて通ろう。

がけ

大雨が降ると、がけくずれが起こる危険があるのでさけて通ろう。

地下の通路

大雨が降ると、立体交差の道路の下の道（アンダーパス）には、水が流れこんでくるかもしれない。危険なのでさけて通ろう。

避難所

風で飛びそうなものがある

はずれかけている看板や、古い家の屋根のかわらなどは、強い風がふくと飛んでくるかもしれない。危険なのでさけて通ろう。

まとめ

自助：あらかじめ危険な場所を調べて、避難する道すじを決めておこう。
共助：避難する道すじを決めたら、家族や近所の人といっしょに歩いてみよう。

災害から地域を守る自主防災組織

災害にそなえるために、地域の人たちによって作られた自主防災組織という組織があります。自主防災隊や自主防災会などともよばれています。「自分たちの地域は自分たちで守る」という考えで結成されています。

災害にそなえ、避難訓練などの防災活動をしたり、災害が起こった時に、避難の手助けや情報の収集、避難所の運営などを行ったりします。自治会や町内会が、消防団（くわしくは1巻27ページ）などと協力して行う地域もあります。

千葉県流山市美田自治会の避難訓練のようす。

［写真：流山市美田自治会］

防災活動

地域の住民が防災の意識を高めるための活動をします。防災知識に関するチラシやパンフレットを作って配ったり、市区町村や消防署などからアドバイスを受けて、防災についての勉強会や避難訓練、火事の時の消火訓練などを行ったりします。

小学校の高学年が
低学年の避難を
手伝う訓練をしている
地域もあるよ

美田自治会では、避難訓練（写真左上）や消火訓練（写真右上）や救急の講習（写真右下）などを行い、住民の防災意識を高めている。

［写真：流山市美田自治会］

避難の手助け・情報の収集

自主防災組織は、災害が起こった時に、避難をうながしたり、ひとりで避難をするのが難しい人の手助けをしたりします。けがや病気の人の応急手当てや、被害の状況を正しくつかんで、住民に伝える役割もします。

また、すばやく避難ができるように、「避難カード」の作成をすすめている地域もあります。

ひとりで避難をするのが難しいお年寄りや障がいのある人、病気の人、あかちゃんがいる人、外国人などの手助けをする。

避難カード

避難カードには、名前、住所、生年月日、家族、緊急連絡先、避難先などを書く。避難に手助けが必要な人に声をかける人を決めて、記入するものもある。

声をかける人を
決めておくと
避難がスムーズに
できるね

避難カード

ふりがな 名　前		避難先	
住　所		地震	緊急避難場所
生年月日　年　月　日	家族　人		避難所
緊　急 連絡先	① ② ③	風水害	緊急避難場所 避難所
声をかける人		声をかけられる人	

避難所の運営

避難所は、市区町村の職員と地域の住民が協力することで成り立っています。住民の名ぼを作ったり、食事や生活に必要なものを配ったり、ボランティアの受け付けをしたりします。小学校が避難所になると、学校の先生たちも力を合わせて対応します。

避難所でわたしたちにできることを探してみよう

避難所では、それぞれができることをして、助け合うことが大切です。
下の絵を見て、自分にできることがいくつあるか考えてみましょう。

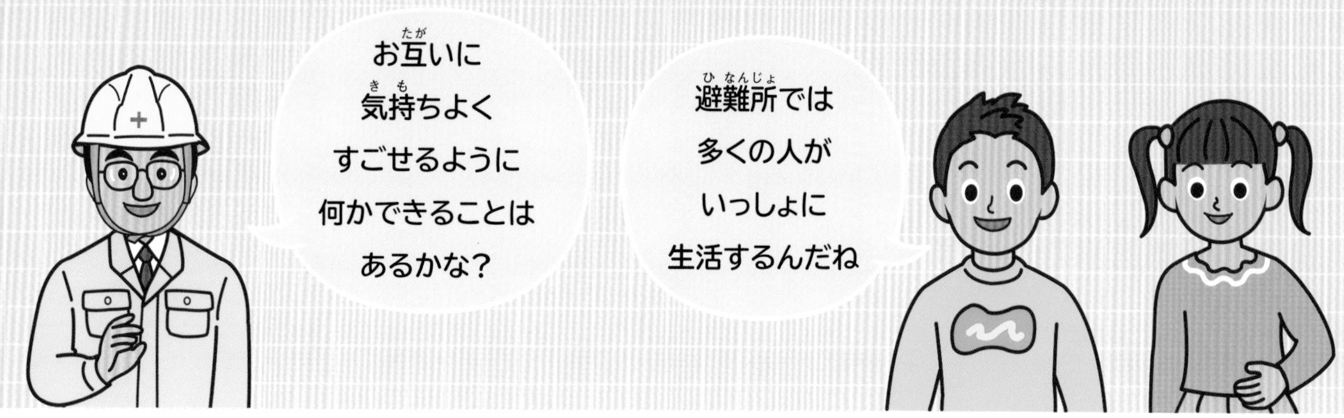

お互いに
気持ちよく
すごせるように
何かできることは
あるかな？

避難所では
多くの人が
いっしょに
生活するんだね

防災ポスターコンクール

毛布

うちに
帰りたい！

あ、ごみ

次のページの解説を見てみよう

解説

みんなで協力して生活する

避難所では、多くの人が協力して生活をしなくてはなりません。下の行動を参考に、避難所でみんなが気持ちよく生活できるように、自分ができることは何かを考えましょう。

「何かお手伝いできることはありますか？」と声をかけると、相手がたのみやすくなります。無理をする必要はありません。「できることをする」ことが大切です。

相手の身になって考えよう

災害が起こった時、手助けが必要になる人たちがいる。お年寄りや障がいのある人、病気の人、あかちゃんのいる人、言葉が通じない外国人などがいたら、相手の身になってこまっていることがないか考えてみよう。これは災害の時だけでなく、ふだんからもっておきたい心構えだね。

こまっている人の手助けを

こまっている人がいたら、声をかけてみよう。この絵の中では、障がいのある人といっしょに使いやすい多目的トイレを探したり、目の不自由な人にお知らせを読んであげたり、お年寄りに毛布を運んであげたり、言葉が通じない外国人を案内してあげたりすることができるね。難しいことは、避難所のスタッフにたのんであげるなど、できるはんいで手助けをしてあげよう。

避難所にペットを連れていけるの？

避難所によっては、ペットが生活できる場所がないところもあるので、ペットを連れていけるかどうか、あらかじめ確認しておこう。ペットの命は、飼い主しか守ることができない。避難所に受け入れてもらえない場合は、安全な場所に住む知り合いにあずけるなど、早めに避難させよう。

食事や物を配る

避難所では、多くの人に食事を配らなくてはならない。毛布や生活に必要な物など、配るものはたくさんある。係の人に声をかけてできるはんいで手助けをしよう。

小さい子どもの遊び相手になる

小さい子どもが泣いたりさわいだりしていると、まわりの人が落ち着いて生活することができなくなる。気持ちによゆうがあったら、小さい子どもといっしょに遊んであげよう。

避難所をきれいにする

みんなが気持ちよくすごせるように、そうじをしたり、ごみを燃えるものと燃えないものなどに仕分けしたりして、避難所をきれいしよう。

自分のことは自分で

こまっている人の手助けは必要だけれど、まず自分の身のまわりの整理を自分ですることが大切だ。持ち物を散らかしたり、ごみを出しっぱなしにしたりしないように気をつけよう。

まとめ

共助：避難所では、みんなが自分のできることをして協力し合うことが大切。
自助：自分の身のまわりの整理は、自分でしよう。

+1 コラム

避難所で気をつけたいこと

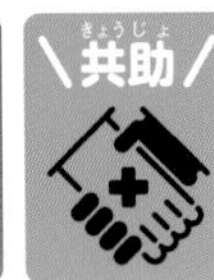

避難所では、多くの人がある程度長い時間、いっしょに生活します。お互いに気持ちよくすごすために、マナーやルールを守りましょう。避難所には、市区町村から支援物資が送られてきますが、十分な量があるとはかぎりません。お互いが相手の身になって考え、助け合って多くの命を守りましょう。

また、感染症が流行している時は、マスクをして人と人とのきょりを保つように心がけましょう。

2019(令和元)年の台風19号の被害で、千葉県南房総市に設けられた避難所。［写真:朝日新聞社］

人にめいわくをかけない

大声でさわいだり、避難所の中を走りまわったりすると、ほかの人のめいわくになるのでやめましょう。

避難所のシートはそれぞれの家族や個人の場所です。無断で入ったり、通るときにシートをふんだりしてはいけません。他人の家にだまって入るのと同じです。通る時はシートとシートの間の通路を通るようにしましょう。

 ほかの人のシートをふんではいけない。

 シートの間の通路を静かに通ろう。

支援物資を受け取る時

避難所には、食べ物や水、衣服、医療品などの支援物資が届きます。早く手に入れたいのはみんな同じです。きちんと順番にならんで受け取りましょう。割りこみをしてはいけません。

また、支援物資を受け取ったら、「ありがとうございます」とお礼をいいましょう。感謝の気持ちを伝えることで、お互い気持ちよく生活することができます。

給水車から順番に飲み水をもらうようす。

［写真：朝日新聞社］

感謝の気持ちは、言葉にして伝えよう。

ひとりにならない、ひとりにさせない

避難所には、いろいろな人がおしよせてきます。なかには、だれかをだましてやろう、物をぬすんでやろうと考えている悪い人がいるかもしれません。貴重品は身につけておき、夜に仮設トイレに行く時などは、大人といっしょに行動しましょう。

また、災害が起こってひとりぼっちになり、不安でさみしい思いをしている子どもがいるかもしれません。つらくて夜も眠れないでいると、体調をくずしてしまいます。そんな子どもがいたら、そばにいてあげてください。みんなではげましあって災害を乗りこえましょう。

＼やってみよう／

マイ・タイムラインを作ろう

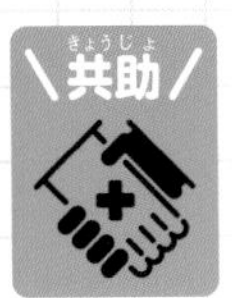

「マイ・タイムライン（防災行動計画）」とは、台風が近づいたり、大雨が長引いたりする時にそなえて、自分の身を守るために取る行動をイメージして考えておくものです。災害が起こってからあわてるのではなく、よゆうを持って避難できるように、家族や地域の人といっしょに、マイ・タイムラインを作っておきましょう。

ハザードマップで危険な場所を確認する

自分の地域のハザードマップを見て、浸水や土砂災害が起こりやすい場所や避難所を確認します。親せきの家や高い建物など、避難所以外に避難できる場所があるかも考えておきましょう。

状況による避難のタイミングと行動を考える

右ページの例を参考に、避難情報や気象情報から、避難準備、避難、避難完了までのタイミングと行動を考えて記入します。地域の人たちとの助け合いについても話し合っておきましょう。

マイ・タイムラインを行動の目安にする

台風や大雨は自然現象なので、状況は変化します。避難は計画通りにいくとはかぎりません。マイ・タイムラインはあくまで行動の目安と考えておくとよいでしょう。避難情報や気象情報などをこまめに確認し、状況に応じて行動しましょう。

ハザードマップ、浸水深の目安

浸水深	目安
5m以上	2階の屋根以上
3～5m	2階の床上浸水
0.5～3m	1階の床上浸水
0.5m以下	床下浸水 大人のひざ上くらい

※浸水深の色分けは、ハザードマップによってちがう。

この本の最後に
マイ・タイムラインの表が
のっているよ。
コピーして使おう

マイ・タイムラインの例

4人家族（父・母・子・祖母）で、災害時にとなりのおじいちゃんに声をかけることになっている場合の例。

そなえまでのおおよその時間	警戒レベル 避難情報・気象情報 （気象・河川の状況）	わたしと家族の行動	地域の助け合い
3～5日前	**警戒レベル1** 早期注意情報 （海の沖合で台風が発生する）	●避難情報や気象情報をこまめに確認する ●避難する時の持ち物を用意する	●となりのおじいちゃんの避難準備を手伝う
1日前	**警戒レベル2** 大雨・こう水注意報など （台風が近づいて雨や風がだんだん強くなる）	●避難所までの道すじを確認する	
半日前	**警戒レベル2** 川のはんらん注意情報の発表など （川の水が増えはじめる）	●ボーサイ市のウェブサイトでボーサイ川の水位を調べる	
7時間前	**警戒レベル3** 高齢者等避難 大雨・こう水警報など （雨水が地面にたまりはじめる）	●避難しやすい服装に着がえる ●おばあちゃんとお母さんとわたしは避難所へ移動する	●となりのおじいちゃんに声をかけて、いっしょに避難する
3～5時間前	**警戒レベル4** 避難指示 川のはんらん危険情報の発表など （川の水があふれそうになる）	●お父さんが避難所へ移動する	●お父さんは町内に、避難のよびかけをする
0時間	**警戒レベル5** 緊急安全確保 はんらん発生情報など （川がはんらん）	●避難は完了	●避難は完了

★マイ・タイムラインの書き方は、「河川情報センター」ウェブサイトの「各地における防災、減災対策」や「東京都防災ホームページ」ウェブサイトの「東京マイ・タイムライン」にもくわしくのっています。

地域を守る小屋浦防災キッズ

広島県坂町立小屋浦小学校

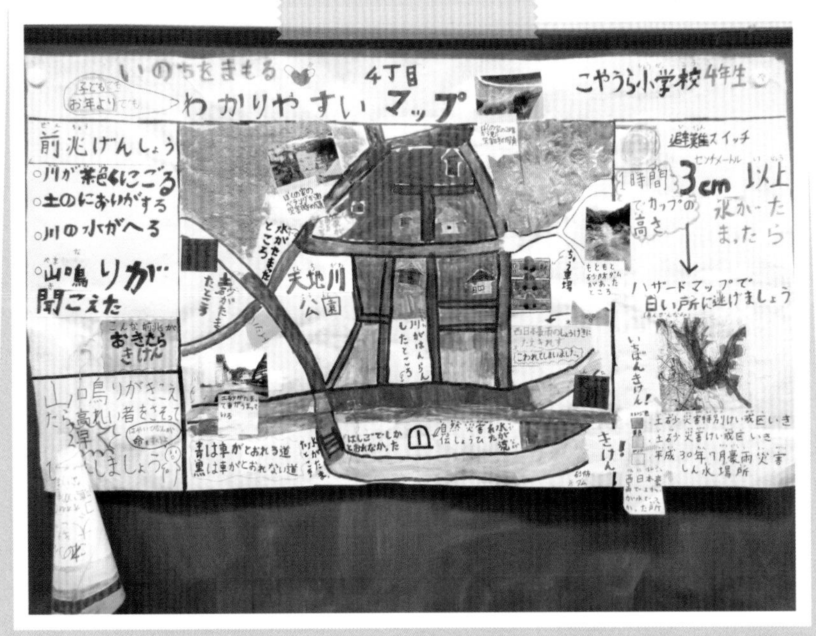

作成した4丁目のハザードマップ。

地元の人と町を見て回り、気づいたことをメモしていく。

広島県にある坂町立小屋浦小学校には、「小屋浦防災キッズ」として活動する子どもたちがいます。小屋浦防災キッズは、命を守るための行動を伝えることができる児童を認定する小屋浦小学校独自のしくみです。2018年の西日本豪雨で、小屋浦小学校の子どもたちの9割が被災しました。その経験から、2020年に当時の４年生が活動を始めました。

まず、国土交通省や県の職員などに講師になってもらい、大雨による災害や地域の地形について学びました。そして、今のハザードマップがわかりづらいのではないかと考え、文字が大きく漢字が少ない、高齢者や子どもにもわかりやすいハザードマップを作ることにしました。西日本豪雨で被害の多かった2、3、4丁目で１枚ずつ作りました。地元の人と町を見て回り、西日本豪雨の時に感じた前ぶれや、被害の状況を教えてもらって、危険な場所などを地図にかきこんでいきました。

完成したハザードマップは、郵便局や人がよく来る店などにはらせてもらいました。そして、アンケートを取って意見や感想を集めました。この取り組みは、2020年度の「ぼうさい甲子園」、小学生部門の「ぼうさい大賞」を受賞しました。小屋浦防災キッズは、みんなが早く避難をして、災害時ににげおくれる人がゼロになることを目指して、今も活動を続けています。

人と川をつなぐ猪名川河川レンジャー

国土交通省近畿地方整備局猪名川河川事務所

川と親しむ里山体験学習のようす。

防災出前講座のようす。

「猪名川河川レンジャー」は、地域の住民が行政機関*と協力してよりよい川づくりをするための活動をしています。猪名川河川レンジャーとして活動しているのは、猪名川流域に住み、川についての知識のある住民ボランティアです。活動の内容は大きく分けて、「防災」「維持管理」「河川利用」「環境保全」「水辺文化」の5つです。

なかでも「防災」に関しては、防災の意識を高めるさまざまな取り組みをしています。マイ・タイムライン*の重要性を伝える講座では、参加者に実際にマイ・タイムラインを作成してもらっています。小学校へ出向いて、大雨やこう水、土砂災害などについて話をすることもあります。ハザードマップを見て、自宅や学校の周辺の危険な場所を調べ、災害発生時に取るべき行動を考えてもらうなどの授業を行っています。

猪名川は、自然豊かな大野山に源流がある美しい川です。川は災害を起こしますが、こわいだけではないということを知ってもらうために、歴史や文化をしょうかいする取り組みや、環境学習をすすめる活動もしています。里山体験学習では、川で遊ぶ時の注意や、川の生き物の観察を通して、水をきれいに保つことの大切さを伝えています。住民の防災の意識を高め、川の環境に関心を持ってもらうために、猪名川河川レンジャーは、人と川をつなぐ活動を続けています。

＊行政機関：国や都道府県、市区町村。＊マイ・タイムライン：災害時に自分の取るべき行動を考えておく計画。（くわしくは42ページ）

監修のことば

この本を手にとってくれた、みなさん！　「防災」の大切さを、実感してくれたでしょうか？　なんだか手ごわいな、難しいなと思ったでしょうか？

このシリーズには、災害が多発する現代社会を生きるわたしたちにとって、ぜったいに学んでおくべき「大切なこと」を、ぎゅぎゅっとつめこんでいます。ですから、かんたんではないですよね。でも、だいじょうぶです。読めば読むほどなじんできて、みなさんの「防災力」もおのずと高まっていくはずです。

この第２巻では、「インクルーシブ防災」という、いま、世界中の人がいっしょうけんめいにとりくんでいる、あたらしい考え方をおりこんでいます。「インクルーシブ」とは、「つつみこむこと」です。だれひとり置きざりにしないように、みんなをつつみこむ。そうした“心あたたかい防災”を実現したいという、強い願いがこめられているのです。

(→第４巻の38ページも見てみよう)

36 ページから 39 ページでは、避難所に行ったときに、わたしたちに何ができるか考えてみました。もういちど、ふりかえってみましょう。避難所には、あかちゃんを抱いたお母さんや、小さい子どもたち、お年寄りや、車いすにのっている人、目の見えない人、そして、外国の人など、いろいろな人がいました。さらに、ペットをつれてきた人のことも書いてあったよね。いろいろな人がいると、こまりごともさまざまです。また、災害時になると、みんなの心から“よゆう”がうしなわれて、けんかをしたりいがみあったりするかもしれません。

そんなときこそ、「こまったときはお互いさま」(→第１巻の「監修のことば」もチェック！）です。一人ひとりができるかぎり力を出し合うことで、避難所全体が“心あたたかい”ムードにつつみこまれることでしょう。災害に負けることがあるとすれば、それは傷ついた心がポッキリ折れてしまうこと。その傷をいやすことができるのは、みなさん自身の笑顔です。小学生のみんなが無事でいてくれたら、大人たちもがんばれます。はげましあえます。心の“よゆう”を取りもどし、互いの元気がわきでてくるにちがいありません。

ところで、もちろんこの「インクルーシブ防災」は、災害時だけに求められることではありません。ふだんのくらしのなかで、こまっている人がいたら手をさしのべあえるといいですね。それが、互いの「防災力」を高める第一歩となることでしょう。

関西大学教授　近藤誠司

さくいん

監修 近藤 誠司 （こんどう せいじ）

関西大学社会安全学部安全マネジメント学科教授。1972年愛知県生まれ。京都大学法学部卒業。元ＮＨＫのディレクターで、1995年に起こった阪神・淡路大震災では初日から現地取材に入り、以来、災害関連の番組を数多く制作。NHK スペシャル『MEGAQUAKE 巨大地震（第2回）』で内閣総理大臣賞（科学技術映像祭）受賞。大学では、災害情報・防災教育について教えている。令和元年度「ぼうさい甲子園」グランプリ受賞。2019年・2020年には「ジャパン・レジリエンス・アワード（教育機関部門）」で金賞を連続受賞。

装丁・本文デザイン ： 倉科明敏（T.デザイン室）
表紙・本文イラスト ： おぜきせつこ
説明イラスト・地図 ： 坂上暁仁、上薗紀耀介（303BOOKS）
編集制作 ： 常松心平、小熊雅子（303BOOKS）
協力 ： 古谷成司（富里市立富里南小学校）
写真 ： 朝日新聞社、猪名川河川事務所、Cynet Photo、坂町立小屋浦小学校、四国地方整備局、流山市美田自治会

これからの防災　身につけよう！ 自助・共助・公助
2 台風・大雨

発　　行　2022年4月　第1刷
　　　　　2024年5月　第2刷

監　　修　近藤誠司
発 行 者　加藤裕樹
編　　集　崎山貴弘
発 行 所　株式会社ポプラ社
　　　　　〒141-8210　東京都品川区西五反田3-5-8
　　　　　ホームページ　www.poplar.co.jp（ポプラ社）
　　　　　kodomottolab.poplar.co.jp（こどもっとラボ）
印刷・製本　図書印刷株式会社

Printed in Japan　ISBN978-4-591-17280-3 / N.D.C. 369 / 47P / 27cm

P7228002

マイ・タイムラインを
作ってみよう！
42～43ページの例を参考に
警戒レベルが1～5の時、
どんな行動を取るべきか
考えてみよう！